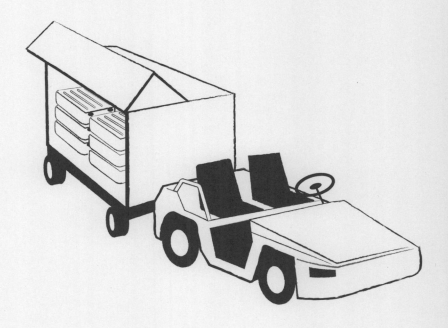

# 仕事に行ってきます ⑰
## 空港の仕事
### 大晴さんの1日

著:季刊『コトノネ』編集部　監修:藤井 克徳・野口 武悟

LLブック やさしくよめる本

埼玉福祉会 出版部

左にいるのが、この本の主人公、
谷奥大晴さんです。
「大晴」という名前は お父さんが つけました。
生まれたときに、くもっていた空が
ぱっと 晴れたからです。
成田空港で、はたらいています。

たいせい　　しごと　　くうこう

## これが、大晴さんの 1日です。

- 0
- 1
- 2
- 3
- 4
- 5
- 6
- 7
- 8
- 9 — 午前9時30分 起きる
- 10
- 11 — 午前10時 家を出る
- 12
- 13 — 午前12時 仕事をはじめる
- 14
- 15 — 午後1時30分 休けい
- 16
- 17
- 18
- 19
- 20 — 午後8時30分 仕事を終える
- 21
- 22
- 23 — 午後9時30分 家に帰る
- 24/0
- 1
- 2 — 午前2時30分 ねる
- 3

午前9時30分(ごぜんじぶん)

大晴(たいせい)さんが、起(お)きました。
日(ひ)は、すっかり のぼっています。
今日(きょう)は「遅番(おそばん)」です。
仕事(しごと)は昼(ひる)から はじまります。

 あさ　 たいせい　 おきる

ギリギリまで ねていたい大晴(たいせい)さん。
いそいで、ねぐせを直(なお)します。

たいせい

なおす

ねぐせ

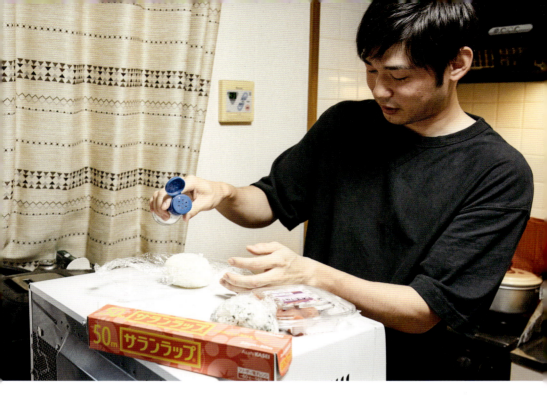

大晴さんは、お昼に食べる おべんとうを
つくります。
1年前から けんこうと せつやくのために、
はじめました。

たいせい　　りょうり　　べんとう

具だくさんの みそしるは 前の日に
つくりました。
みりんを 少し入れるのが、こだわりです。
「おばあちゃんの 味です」と、大晴さん。

たいせい　　りょうり　　みそしる

午前10時

家を出る時間に なりました。
いっしょに くらしている お父さんと妹は、
もう 家を出ています。
「行ってらっしゃい」と、お母さん。
「行ってきます」と、大晴さん。

おかあさん

みおくる

たいせい

大晴さんは、車の めんきょを 持っていますが、
電車で 通勤しています。
「車を買うなら 新車がいいんです」と、大晴さん。
新車を買うために、今は お金をためています。

たいせい　　いく　　くうこう　　でんしゃ

午前11時

成田空港に 着きました。
成田空港は、外国に行く飛行機の お客さんが
日本で いちばん多い 空港です。
いろいろな国の言葉が 聞こえてきます。

たいせい

つく

くうこう

「時間があるときは、ちょっと ぷらぷらします」
と、大晴さん。
仕事の前に、空港の中を さんぽするのです。
とくに ポケモンストアを 見るのが 好きです。

たいせい

あるく

くうこう

11

大晴さんは、着がえるための部屋に 向かいます。
その部屋に行くのに、10分も かかりました。
空港は広いので、早めの行動を
心がけています。

くうこう

ひろい

制服に着がえると、大晴さんは カフェによりました。
「ひさしぶり」と、大晴さん。

実は大晴さんは 1年半前まで、ここが仕事場でした。
大晴さんがはたらく「株式会社JALサンライト」では、
社員向けのカフェを 開いています。

たいせい

いく

カフェ

大晴さんは7年前に、
「株式会社JALサンライト」に 入りました。
はじめは 事務の仕事を していました。
ひとりで もくもくとできる 仕事が したかったからです。

しばらくして 大晴さんは、カフェでも はたらかないかと
上司に 言われました。

接客は 苦手だと 思っていた大晴さん。
でも、「やるだけやってみよう。
ダメだったら 相談しようと考えました」と、大晴さん。

やってみたら、コーヒーをいれるのが
楽しくなりました。
接客も、好きになりました。

大晴さんは1年前に、今度は 自分から
新しい仕事に チャレンジしました。

飛行機を 地上でサポートする
「グランドハンドリング」という 仕事です。

「ぼくにとって、仕事は『黄金体験』です。
　ふだん できないような 体験が できるので…。
　新しいことを おぼえることで、
　ふだんでも 自分が パワーアップしている
　感じがします」と、大晴さん。

たいせい　　すき　　しごと　　せいちょう

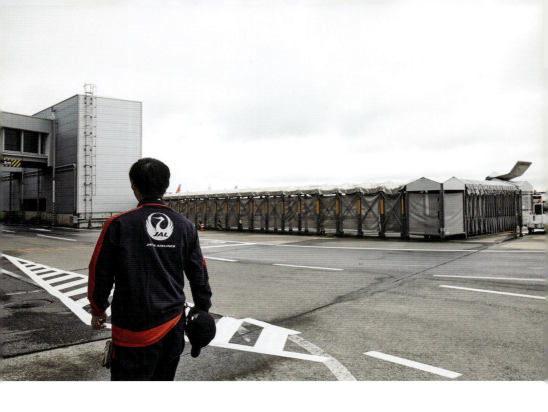

大晴さんは「駐機場」の 近くにある
事務所に 向かいます。
「駐機場」は 飛行機が とまっている場所です。
大晴さんは、事務所に 着くと、
「アルコールチェック」を しました。
この仕事は 安全が とても大切です。

たいせい　　いく　　じむしょ

午前12時

さぁ、仕事がはじまります！
まずは みんなで たいそうをします。
その後、この日 気をつけることを
かくにんしました。

たいせい

なかま

たいそう

ここで、「グランドハンドリング」の仕事について
お話します。
「グランドハンドリング」には、
いろいろな作業があります。

飛行機をゆうどうする

機内をそうじする

大晴さんは、「ソーティング場」という 場所で、お客さんの あずけた荷物を、カートにつむ 仕事を しています。

午前12時30分

大晴さんは、「ソーティング場」に 着きました。
この日は まず、北海道に 向かう飛行機を
担当します。
いっしょに この飛行機を 担当する仲間です。

たいせい

なかま

お客(きゃく)さんが あずけた荷物(にもつ)は、
爆発物(ばくはつぶつ)がないか 検査(けんさ)されます。
その後(あと)、ベルトコンベアで 大晴(たいせい)さんたちのいる
「ソーティング場(じょう)」に 運(はこ)ばれます。

にもつ

つく

ソーティングじょう

23

ベルトコンベアでは ちがう飛行機の荷物も、
運ばれてきます。
大晴さんは、荷物についた シールの
「便名」と「空港コード」を かくにんします。
見るだけでなく、ペンで 印もつけます。
まちがえないための 工夫です。

たいせい

かくにん

にもつ

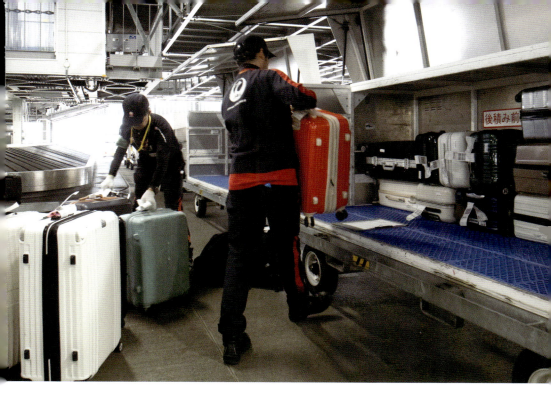

荷物がどんなに ふえても、
1つのカートに 荷物をつむ人は、
ひとりだけです。
これも、ちがう飛行機の荷物を つまないための
工夫です。
大晴さんは重い荷物も スイスイ つんでいきます。

たいせい　　　つむ　　　にもつ　　　カート

重い、大きい荷物を 下にして、
すき間が できないように つみます。
次の人が 出しやすいように、荷物の持ち手の
向きも そろえます。
「テトリスみたいです」と、大晴さん。
大晴さんは この作業が いちばん好きです。

たいせい　　すき　　つむ　　にもつ

あっという間に あせが 出てきました。
大晴さんは 体を 動かすのが 好きです。
学生時代から ソフトボールも つづけています。
仕事が トレーニングにも なっています。

たいせい　　がんばる　　つむ　　にもつ

午後1時30分

休けい時間に なりました。
大晴さんは 事務所に もどります。
ここでは、ミャンマー、中国、フィジーなど、
いろいろな国の人が いっしょに
はたらいています。

たいせい

きゅうけい

大晴さんは、おべんとうを 食べます。
この日は ミャンマー出身の コウさんと いっしょです。
「自分で つくったの?
　すごいね、これは何?」と、コウさん。
「これは ミソスープ」と、大晴さん。

たいせい

こう

たべる

べんとう

午後2時30分

休けいが 終わりました。
次は、広島に 向かう飛行機を 担当します。

大晴さんは、どんどん 荷物を
つんでいきます。

たいせい

つむ

にもつ

じょうず

「今までで いちばん びっくりしたのは、
　ゆでたまごが 出てきたときです」
と、大晴さん。
ベビーカーのポケットに
ゆでたまごが 入ったままに
なっていました。

冬には スキーや スノーボードの板が ふえます。
さいきんは 四角くない スーツケースも ふえています。
「ふつうと ちがうかたちの 荷物は
　ちょっと頭を使いますね」
と、大晴さん。

大晴さんは、耳の聞こえにくい
仲間と コミュニケーションを とるときは、
手話で 話します。
大晴さんは、この会社に入ってから、
手話の勉強を はじめました。

たいせい　　べんきょう　　しゅわ

「ソーティング場」では、いろいろな音が
ひびいています。
手話は、耳が聞こえる人にとっても、
伝わりやすい言語です。

たいせい　　はなす　　なかま　　しゅわ

荷物をカートに つみ終わりました。
カートは、「トーイングトラクター」という 車に
つないで、飛行機のそばまで 運びます。
大晴さんの 仕事は ここまでです。
この日はとくべつに、荷物が 運ばれるところを
見せてもらいました。

トーイングトラクター

はこぶ

にもつ

トーイングトラクターが飛行機のそばに
着きました。
カートから荷物を出して、飛行機に
つみなおします。

なかま

つむ

にもつ

ひこうき

飛び立つ準備が できました。
飛行機が「滑走路」へ
進んでいきます。
大晴さんも、
今日はいっしょに
飛行機を 見送りました。

たいせい

なかま

みおくる

ひこうき

時間が空いたときは、
事務所で パソコンを開きます。
会社のメールを チェックしたり、
研修の動画を 見たりします。

たいせい

みる

パソコン

大晴さんは、着いた飛行機の 荷物を
カートから出す仕事も しています。
荷物を、どんどん ベルトコンベアに
のせていきます。
これが、今日 さいごの作業です。

たいせい

だす

にもつ

カート

気がつくと、日はしずんでいました。
ここで はたらく人だけが 見ることができる
夜の「駐機場」の 景色です。

よる

くうこう

午後8時30分

今日の仕事は おしまいです。
みんなで 手話で「おつかれさま」と
言います。

たいせい

しごと

おわり

大晴さんは、帰りは より道しません。
まっすぐ 家に帰ります。

たいせい

いく

いえ

午後9時30分

実は 大晴さんは、2023年の
「全国障害者スポーツ大会」に
ソフトボールで 出場しました。
優勝するほどの 実力です。
この日は 帰った後、少し 練習することに
しました。

たいせい

ソフトボール

じょうず

大晴さんは、大谷翔平選手と 同じ、
ピッチャーと バッターの 二刀流です。
学校を 卒業した 後も、チームに 入って、
練習を つづけています。
全国大会の 決勝戦には、
ピッチャーとして 出場しました。

たいせい　　ピッチャー　　バッター

大晴さんは とくに ピッチングが 好きです。
「自分の投げた球で バッターを アウトにするのが、
すごく楽しいです」と、大晴さん。

たいせい

すき

ソフトボール

45

午後10時
(ごご じ)

練習(れんしゅう)を終(お)えると、
お母(かあ)さんが 夜(よる)ごはんを
つくっていました。
この日(ひ)は お父(とう)さん、
お母(かあ)さんと 3人(にん)で 食(た)べます。
大晴(たいせい)さんは、今(いま)の
仕事(しごと)をはじめてから、
たくさん 食(た)べるように
なりました。

たいせい

かぞく

たべる

ごはん

47

部屋にもどると、大晴さんは、
絵を かきはじめました。
とくに、ドラゴンボールの絵が とくいです。
「あきないですね。つかれていても、
　かきたくなっちゃいます」。

たいせい　　すき　　かく　　え

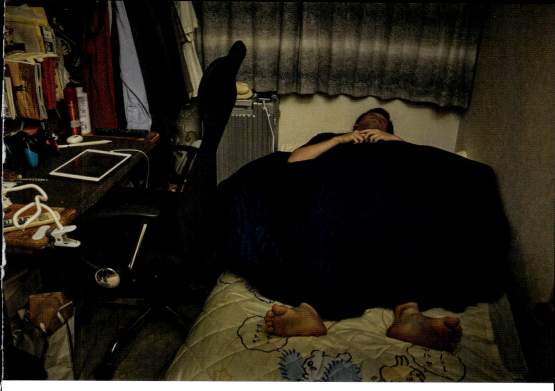

午前2時30分
ごぜん じ ぶん

ついつい 時間を わすれてしまいます。
「最近は、2時30分までには、
　ねるようにしています」と、大晴さん。
時間に なりました。
おやすみなさい。

たいせい

ねる

49

# ご家族や、学校の先生といっしょにお読みください

## 谷奥大晴さんのこと
## 暮らしのこと、仕事のこと

### 大晴さんのこと
- 谷奥大晴さん
- 1999年3月生まれ（25才）
- 特別支援学校高等部卒業（千葉）
- 知的障害
- 好きなことは、絵を描くこと、ゲーム、ソフトボールをすることなど

### 大晴さんの暮らし
- 住まいは、マンション（父親、母親、妹と4人暮らし）
- 食事は、朝は食べたり、食べなかったり。昼はお弁当。夜は家で
- お金の管理は、自分で。自分で毎月のおこづかいの額を決めている

### 大晴さんの仕事
- 職場は成田空港。所属は、株式会社JALサンライト　グランドハンドリング業務をはじめてからは、株式会社JALグランドサービスに出向中
- 仕事は、グランドハンドリング業務
- 働きはじめてから、7年目
- 雇用保険、社会保険がある

※2024年6月時点

## 今の職場は、大晴さんにとって、どんなところですか。

会社のみなさんが優しいですし、何か疑問に思うことがあっても、確認しやすい、声を上げやすい職場なのかなって思います。ずっと続けられたらいいなぁと思っています。

## これからの目標はありますか。

仕事ではなくプライベートなんですが、25才ですし、そろそろひとり暮らしも考えなくてはいけないと思っています。

## 何か生活での課題はありますか。

課題は「今の収入ですべて自分で生活できるようにすること」です。以前ゲームで課金しすぎてしまったことがあって、両親にこっぴどく怒られました。それからは、ゲーム内での年齢を低く登録して、限度額があるようにしています。あと、自分で毎月のおこづかいの額を決めてるんですけど、上回ってしまうこともあって…。まわりから見たら、それ使わなくない？っていうものかもしれませんが、欲しくなっちゃうんです。

## ソフトボールが、お好きなんですね。

高校に入ってからはじめました。学校にピッチャーを指導できる先生がいらっしゃらなくって、ひたすらYouTubeで調べたり…。最初は結構大変でした。全国大会で優勝したときは、ぼくの人生、これ以上ないんじゃないかってぐらい、うれしかったです。グランドハンドリング業務を担当するようになって、勤務がシフト制になったので、土日にあるチームの練習や試合にあまり参加できなくなったことが悩みです。体を壊さないよう気をつけながら、これからも続けていきたいです。

---

〈読者のみなさんへ〉
- あなたはこの仕事について、どう思いましたか？
- どこがいちばんおもしろかったですか？
- それはなぜですか？

# 株式会社JALサンライト
# せきにん者 元吉美和さんの話

## いろいろな人が活躍できる職場を目指しています。

株式会社JALサンライトは、1995年に日本航空株式会社（JAL）の特例子会社として設立されました。2024年4月時点で、494名が働いており、その内248名が障害のある社員です。成田空港では、2016年に業務を開始し、49名の障害のある社員が活躍しています。事務サポートからはじまった業務は、機用品の補充、カフェ運営、そしてお客さまが利用するラウンジでのシューポリッシュなど、さまざまな業務に広がっています。企業理念にもある「障がいを仕事の障害としない」ことを大切に、いろいろな人に活躍してもらえる職場でありたいと思っています。

## 仕事を通して、新しい自分を発見してほしい。

それぞれの社員に担当してもらう業務は、もちろん希望も考慮しますが、適性を見て、こちらから声をかけることもあります。障害のある方の中には、自信がないから自分から手をあげないだけで、実際にやってもらうと、力を発揮してくれる方も多いと感じています。谷奥さんもまさにそのひとりで、なんでもできそうに見えて、意外と新しいことへのチャレンジをためらうところがありました。ただ、さまざまな業務を経験していくことで、少しずつ自信をつけ、新しい業務にも積極的になってきていると感じます。自分も気づいていなかった自分を、仕事を通して発見してもらいたいと思っています。

株式会社JALグランドサービス
せきにん者 中村聡志さんの話

## 障害のある人の活躍する場が、広がっています。

2024年の春から、JALサンライトの7名のスタッフがJALグランドサービスに出向し、グランドハンドリング業務を担っています。障害のあるスタッフが、こうやって飛行機のすぐそばで仕事をするのは、JALグループとしてはじめての試みです。現場で働くための資格をとってもらうとき、人によっては通常より長い時間をかけるなどの配慮はしましたが、想像以上に、みなさんよく働いてくれています。今はソーティング場での業務に限定していますが、もっといろいろなことをやりたいと言ってくれるスタッフもいて、頼もしく感じています。

## 谷奥さんは、応用力のある人です。

スタッフには、ただ業務をこなすのではなく、全体の流れの中で、自分の業務がなんのためにあるのかをわかってもらいたいと思っています。また、ソーティング場での業務は、体の使い方を意識することも、大切です。大事な手荷物を扱うので、落としたら大変ですし、力任せでやっても腰痛などになってしまいます。谷奥さんは、運動センスがあるからか、全身の使い方がとても上手です。教えると、すぐできるようになりましたし、応用力もあります。率先していろいろ動いてくれるので、業務上での課題は思いつかないくらいです。リーダー的な存在として、今後は新しい業務にもチャレンジしていってほしいと思っています。

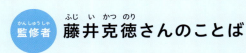

## 監修者 藤井克徳さんのことば

NPO法人 日本障害者協議会 代表・きょうされん 専務理事

　「谷奥大晴さんはすごい」、思わずわたしは心の中でこうつぶやいていました。国際空港という響きには、それだけであこがれのようなものを感じます。そのあこがれの場で働いているのが大晴さんです。

　大晴さんの働き方を通して伝わってくるのは、おだやかな"誇り"です。そこには、あこがれの場というだけではなく、掛け替えのない役割を担ってきたことへの自負と充実感が詰まっています。働き続けるうえで大切な要素の1つが、この"誇り"なのです。緊張いっぱいのグランドハンドリングに挑戦してきたことが、それを磨いてくれたのではないでしょうか。

　大晴さんの生き方や働き方には、もう1つ大切なことがあります。それは、"交流"です。昼食時のいろんな国籍の人とのつながりは、格別の時間帯になっています。地域のソフトボールチームとの交わりも貴重です。"交流"は、大晴さんにとって、元気や気分転換の源になっているにちがいありません。

　"誇り"と"交流"は、働く中でより深く感じるものです。そして働き続けるうえでなくてはならない要素であることに気付くはずです。ずっと大切にしてください。

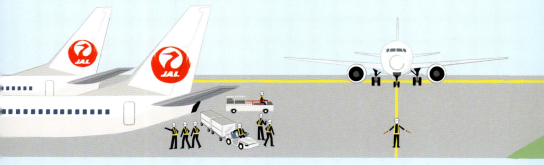

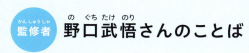

## 監修者 野口武悟さんのことば

専修大学 文学部 教授

　この本は、みなさんにとって、読みやすかったですか。また、わかりやすかったですか。各ページに付いているピクトグラムという絵記号も読むのに役立ったでしょうか。

　この本のような形態をLLブックといいます。LLは、スウェーデン語のLättlästの略語で、＜読みやすくて、わかりやすい＞という意味です。＜知的障害のある人や、母語の異なる人などに、年齢にあったさまざまなテーマを読みやすく、わかりやすく届けたい＞がLLブックのコンセプトです。

　今回のテーマは、飛行機が離発着する空港の仕事です。乗り物にかかわるLLブックが読みたいという希望は以前からありました。それが、今回、ようやく実現しました。「わたしはこんなテーマのLLブックが読みたい」という希望がありましたら、ぜひ教えてください。

　「読書バリアフリー法」が制定されてから5年が経ちました。2025年4月から、国の読書バリアフリーに関する基本計画も2期目がスタートします。LLブックは、読書バリアフリーを支える大切な役割を担っています。最近は、LLブックへの関心も高まり、出版も増えてきました。みなさんの住む地域にある図書館や学校図書館でも、いろいろなLLブックに出会えると思います。お気に入りの1冊を見つけてもらえたら、うれしいです。

著者：季刊『コトノネ』編集部
【編集企画・文】
里見 喜久夫（編集長）
平松 郁（編集者）
【デザイン＆イラスト】
小俣 裕人（アートディレクター）
写真：山本 尚明（カメラマン）

監修者
藤井 克徳（NPO法人 日本障害者協議会 代表・きょうされん 専務理事）
働くことの意味や障害のある人の生き方についてアドバイス
野口 武悟（専修大学 文学部 教授）
わかりやすい表現手法についてアドバイス

仕事に行ってきます⑰
空港の仕事
大晴さんの1日

2025年3月25日 初版第1刷発行
発行者 並木則康
発行所 社会福祉法人埼玉福祉会 出版部
〒352-0023 埼玉県新座市堀ノ内3-7-31
電話 048-481-2188
印刷・製本 惠友印刷株式会社

同時発売！

仕事に行ってきます⑱
保育園の仕事
みゆきさんの1日

仕事に行ってきます プラス4
まだまだ学びたい

この本のように、やさしく読みやすい表現をつかって書かれた本のことを、LLブックといいます。
LLブックの既刊やバリアフリー用品はサイフクホームページへ！
https://www.saifuku.com/

LLブック
やさしくよめる本　LLブック